ALLOCUTION

PRONONCÉE

dans l'Église de Notre-Dame de la Couture

AU MARIAGE

DE

M. A. AVENEL & DE Mlle M.-J. LEMARIÉ

PAR M. L'ABBÉ G. DESRUES

Le Mans 24 Février 1892

DREUX

IMPRIMERIE ACHARD

10, RUE DE FLANDRES, 10

1892

ALLOCUTION DE M. L'ABBÉ G. DESRUES

Vous touchez à l'un des moments les plus augustes et les plus décisifs de votre vie. Au pied de l'autel, en face de Notre Seigneur Jésus-Christ, vous venez accomplir un grand acte, solliciter une grâce insigne. La religion ne pouvait vous manquer dans de telles circonstances. Aussi se présente-t-elle à vous, riche de bénédictions et de promesses. Elle relève votre fête par ses pompes sacrées et symboliques. C'est le ciel même qu'elle appelle comme témoin et comme gardien de vos serments.

Dieu, qui a créé l'homme, a créé aussi la famille, pour être son berceau, son foyer, son abri le plus sûr et le plus doux. Il n'a pas voulu que sa créature privilégiée fût vouée à la solitude et à l'abandon. La terre eût été toute triste et toute désenchantée. On jouit si peu quand on jouit seul ; on souffre tant, quand on souffre seul ! Dieu a donc prononcé cette parole, l'une des plus tendres qui soient tombées de ses lèvres : « Il n'est pas bon que l'homme soit seul, faisons lui une compagne semblable à lui qui puisse lui servir d'aide. » Voilà le mariage dans son essence : deux âmes immortelles qui se donnent l'une à l'autre, qui font l'échange de leur tendresse, de leur intelligence, de leur énergie, qui mettent en commun non seulement les trésors et les joies de la terre, mais leurs célestes espérances, leurs élans, leurs soifs sublimes de vérité et de bonheur, qui rêvent pour leur union l'immortalité et l'infini, qui donnent leur vie et leur cœur à garder à Dieu lui-même. Oui, voilà le mariage : c'est l'union de deux vies. Deux jeunes gens se rencontrent dans l'immensité du temps et de l'espace, à travers les chances innombrables qui devaient les séparer, et, touchés l'un de l'autre, ils se lient par une préférence réciproque dans une société si haute qu'elle n'aura jamais de fin. Quel contrat unique et incomparable ! Quel idéal de perfection, de grandeur et de félicité ! L'apôtre St-Paul a donc eu bien raison de le dire : « Ce *Sacrement est grand !* » Oui, il est grand, parcequ'il est le prolongement naturel de l'œuvre divine de la création, il est grand parceque, en unissant les époux l'un à l'autre, il les associe à la consommation éternelle des saints, et parce qu'il est la figure d'un des plus touchants mystères de la religion, je veux dire, l'union du verbe éternel avec la nature humaine. *Hoc sacramentum magnum est in Christo et in Ecclesiâ.* Vous ne vous étonnerez donc pas que Notre Seigneur ait voulu communiquer à l'union des époux une grâce toute spéciale, lumière et onction surnaturelles qui vous font comprendre vos nouveaux devoirs et vous donnent en même temps la force de les remplir. Car ne vous y trompez pas. Un seul mot résume les graves et saintes obligations auxquelles votre union va vous enchaîner. Ce mot, c'est le sacrifice. Mille chaînes rappellent aux époux qu'ils ne s'appartiennent plus, que leur cœur n'est plus libre, que leur volonté n'est plus indépendante. Mille circonstances extérieures les meurtrissent ensemble et quelquefois l'un par l'autre. Dans cette vallée de larmes où, suivant l'expression d'un poëte, tout miel est amer et tout ciel est sombre, le foyer peut-il échapper à ces vicissitudes, à ces brisements qui sont notre partage à tous ? Hélas ! même à cette fête touchante, est-ce qu'il n'est pas des ombres ? J'y remarque un vide cruel. La joie même rend plus sensible une douloureuse absence. Tu me pardonneras, ma chère Marie-Jeanne, de faire cette allusion, mais je voulais te rappeler que l'Ecriture Sainte donne à ceux qui nous ont quittés le doux nom de *veillants* afin de te montrer que, du ciel, veillant sur toi, elle t'obtiendra de Dieu des grâces particulières pour t'aider à remplir tes nouveaux devoirs, celle qui aurait été si heureuse de cette journée. Cette cérémonie réalise le rêve qu'elle faisait uniquement pour toi, sa fille chérie, car elle procure la grâce qu'elle a si souvent demandée à Dieu dans cette église qu'elle aimait tant : te donner un mari chrétien. Sois donc fidèle à ce souvenir, et garde comme un trésor précieux ce qu'on a si bien nommé la *présence réelle* de ta bonne mère ! — Oui, la loi du sacrifice, qui n'agit et ne pèse que par intermittence dans certaines situations de la vie, est constante, de tous les jours et de toutes les heures, dans le mariage. Mais là, qu'est-ce que le sacrifice, si ce n'est de faire la volonté des autres, à la seule condition que cette volonté soit bonne et conforme à la volonté de Dieu; sans cela, la soumission de l'époux ne serait qu'un servage plus ou moins déguisé, la condescendance, même affectueuse, du mari ne serait qu'une faiblesse et une abdication.

Toutefois, mes chers amis, je ne veux pas vous effrayer ni troubler votre bonheur en vous présentant le mariage sous des couleurs trop sombres. S'il a ses devoirs et ses épreuves, il a aussi ses consolations et ses joies. Dieu ménage notre faiblesse; à côté du sacrifice, il place la goutte de miel qui en diminue l'amertume. A la vérité, vous enchaînerez vos cœurs d'un lien indissoluble, mais ces cœurs se comprendront et s'uniront intimement. Chacun jouira de ce que possède l'autre de foi, de tendresse, de dévouement, et savons-nous assez quels incomparables trésors renferment des cœurs dans lesquels Dieu a versé une goutte de cet amour qui conserve jusqu'à la fin et son parfum et sa force ? Vous serez deux pour porter le fardeau de la vie, et ce fardeau paraîtra moins pesant à vos épaules ! Vous vous soutiendrez dans les épreuves et dans les adversités; vous vous réjouirez ensemble et vos joies seront plus douces ; vous vous repentirez ensemble, car, hélas ! nous sommes si faibles que nous blessons ceux que nous aimons davantage, mais, ces faiblesses, vous les pleurerez ensemble, et, aux pieds de Celui qui a tant pardonné, vous apprendrez à oublier toujours et à pardonner toujours afin de pouvoir aimer toujours. Vous prierez ensemble, et votre prière vous paraîtra plus sûre d'être exaucée. Et, quand la vie se fait triste, quand on souffre des infirmités et des égoïsmes de ce monde, quelle consolation de penser qu'on a une maison, un foyer béni, un lieu où l'on est toujours sûr de trouver des yeux souriants, des lèvres aimables, des mains qui panseront nos plaies, les plaies du cœur, les plus amères de toutes.

D'ailleurs, mes chers amis, tout nous fait présager le bonheur de votre union, car elle est produite, non seulement par une harmonie souvent passagère, hélas! de pensées et de goûts, mais par la même foi et par les mêmes espérances. Tous les deux vous êtes chrétiens. Mon cher ami, laissez-moi vous le dire : ce qui a encouragé celle qui va vous donner sa main à croire que le sentiment qu'elle éprouvait pouvait encore être plus doux et plus durable, c'est que vous êtes un jeune homme chrétien : et, en cela elle se rappelait les leçons de sa mère; or, pour unir les cœurs, il n'y a pas de lien plus étroit et plus solide que la communauté de croyances. Dieu seul peut produire une union totale, absolue et éternelle, à l'abri de tout ce qu'il y a de variable et de fragile dans les affections humaines. Quelle douce perspective d'envisager l'avenir sans avoir à craindre ces nuages qui assombrissent souvent des jours qui devraient être des jours de sérénité et de joie! Quelle tranquilité de se dire que c'est Dieu lui-même qui a bâti la maison dans laquelle vous voulez abriter vos espérances et votre avenir; bien mieux, que c'est Dieu lui-même qui sera la pierre angulaire de votre foyer. Oh! comme envisagé de la sorte le mariage vous présente des horizons radieux! Tandis que dans les régions inférieures, on ne peut ajouter ni une grâce au visage, ni un don à l'esprit, et que, comme l'a dit mélancoliquement un philosophe, « la grande infirmité du cœur est de pouvoir si peu pour ceux qu'on aime », ici, dans ces hautes régions, qui dira ce que peuvent deux jeunes âmes éprises l'une de l'autre pour se rendre plus belles encore. Époux, vous sanctifiez votre épouse par vos conseils et vos exemples. Épouse, vous le soutiendrez dans tous les combats de la vie en l'animant au courage, au devoir, à l'honneur, au dévouement, à la foi, à toutes les nobles et sainte choses.

Mon cher ami, ces nouveaux devoirs vous voudrez les remplir, parceque vous les comprenez. L'éducation chrétienne que vos excellents parents vous ont donnée par leurs paroles et encore mieux par leurs exemples, est une garantie du soin que vous apporterez à allier toujours à l'élan du cœur et à l'affabilité du caractère la compréhension exacte des choses de la vie et le sérieux que demandent les obligations nombreuses de la nouvelle existence que vous embrassez. Il y a des traditions que l'on garde avec honneur. Votre famille, — et elle sait bien apprécier les choses — compte parmi ses membres deux religieuses mortes en odeur de sainteté. Mes chers amis, comment n'auriez vous pas les bénédictions de Dieu lorsque vous avez à prier pour vous au ciel, deux religieuses, et le prêtre si bon qui t'a baptisée, Marie-Jeanne : à St-Germain, une Carmélite ; à Jersey, deux religieux. D'ailleurs, mon cher ami, celle à qui vous allez donner votre nom nous fait d'un seul coup votre meilleur éloge. Elle doit être sûre de trouver en vous une tendresse bien dévouée pour quitter sans crainte les affections si vives et si nombreuses qu'elle rencontrait

autour d'elle. Pour vous suivre, elle laissera ce père au
cœur foncièrement bon, à l'âme droite, au caractère
loyal, dont elle était maintenant surtout la consolation et
la joie. Il trouvera en vous un fils, j'en suis persuadé, et
vous serez deux à l'entourer d'affection pour remplir le
vide cruel que la mort et l'absence vont faire dans sa vie.
Elle laissera ce grand-père vénérable, si ferme et si droit
sous le poids des années et de la douleur, qui semble
rajeunir aujourd'hui au contact de ce bonheur et de cette
jeunesse. Pour vous suivre, elle s'éloignera de cette tante
à qui sa mère se plaisait à donner le doux nom de mar-
raine et qui l'accompagne aujourd'hui ; elle s'éloignera de
ces autres tantes qui n'ont cherché qu'a lui témoigner
leur dévouement et à remplacer, autant qu'on le peut,
les conseils et les soins d'une mère, et de ces amis qui
toujours l'ont entourée d'une affection aussi persévé-
rante que discrète. Vous me saurez gré, mon cher ami,
de vous le dire en présence des autels, et l'avenir ne
donnera pas de démenti à mes paroles : cette âme qui
va être unie à la vôtre, c'est un composé de qualités
aimables et solides, un assemblage de piété, d'enjoue-
ment gracieux, de caractère facile. Vous y trouverez
toujours, avec la bonté du cœur, le désir de connaître son
devoir et de le remplir, une tendance réelle à se dévouer
et à aimer le foyer domestique et les affections de la
famille.

Soyez heureux, mes chers amis, c'est le vœu qu'expri-
ment, avec mon frère et avec moi, tous ceux qui ont voulu
par leur présence et leurs prières vous témoigner toute
leur sympathie. Soyez heureux l'un par l'autre et que
vos familles soient heureuses de votre bonheur. Soyez

heureux, pendant les longues années que vous aurez à passer ensemble, par tout le bien que vous accomplirez et par l'affection réciproque et inviolable que vous vous témoignerez.

O mon Dieu, Dieu d'Abraham, d'Isaac et de Jacob, Dieu des noces de Cana, entrez et demeurez à jamais dans ce nouveau foyer dont nous posons aujourd'hui la première pierre. Faites-en un sanctuaire où vous serez toujours adoré et aimé; qu'on ne puisse en franchir le seuil sans y respirer la paix, le doux contentement des âmes, la vraie joie ! Et, si c'est trop demander pour des hommes, que du moins, dans les épreuves qui leur seront ménagées par la Providence, ils gardent toujours l'un et l'autre la grâce d'une foi sans défaillance et d'une affection sans fin.

Ainsi-soit-il !